AF263406

RELATION

ADRESSÉE AU T. R. P. LÉONARD, D'ESTAIRES

Commissaire général de Terre Sainte

SUR LES ÉVÉNEMENTS DU PARVIS DE LA BASILIQUE

DU SAINT-SÉPULCRE

LE 4 NOVEMBRE 1901

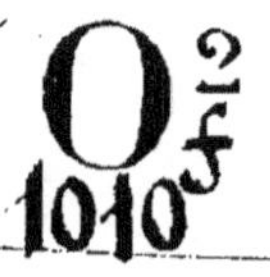

PARIS

IMPRIMERIE P. FERON-VRAU

5, RUE BAYARD, 5

RELATION

ADRESSÉE AU T. R. P. LÉONARD, D'ESTAIRES

Commissaire général de Terre Sainte

SUR LES ÉVÉNEMENTS DU PARVIS DE LA BASILIQUE

DU SAINT-SÉPULCRE

LE 4 NOVEMBRE 1901

DÉPÔT LÉGAL
Seine
N° 713
1901

PARIS

IMPRIMERIE P. FERON-VRAU

5, RUE BAYARD, 5

RELATION

ADRESSÉE AU T. R. P. LÉONARD, D'ESTAIRES

Commissaire général de Terre Sainte

SUR LES ÉVÉNEMENTS DU PARVIS DE LA BASILIQUE
DU SAINT-SÉPULCRE A JÉRUSALEM, LE 4 NOVEMBRE 1901.

SOMMAIRE

1. — Le 4 novembre de cette année fut une funeste journée pour
les enfants de saint François, gardiens, au nom de l'Eglise et de
tout l'univers catholique, des sanctuaires de Palestine. Des événements très graves, en effet, dans lesquels ils furent les victimes
innocentes et désarmées, s'accomplirent dans l'après-midi de ce
jour sur le parvis de la basilique du Saint-Sépulcre. Les Grecs
schismatiques furent les auteurs de ce coup de main brutal. Ils
tentèrent, par un de ces complots qui leur sont ordinaires et où
domine toujours la force, d'enlever aux Franciscains un de ces
nombreux droits qu'ils défendent généreusement au nom du Saint-
Siège et de toute la catholicité. Mais l'oppression, l'astuce et la
fourberie ne parvinrent pas, cette fois, à triompher sous une apparence de légalité. Aussi ces usurpateurs, amis de l'oppression, eurent
recours au crime et, usant de violence, préparèrent un massacre
dans lequel plus de 20 religieux de saint François auraient dû
perdre la vie. Seule la divine Providence empêcha un tel malheur

de s'accomplir. Mais 15 victimes, toutes appartenant à l'Ordre franciscain, furent retirées du théâtre de la lutte horriblement blessées, quelques-unes même en grand danger de mort.

Au nombre de ces derniers, il faut compter le T. R. P. Prosper, de Marennes (Charente-Inférieure), arraché comme par miracle aux mains de quatre Grecs qui s'efforçaient de lui donner un coup mortel.

Un semblable attentat, peut-être unique dans les annales de la Custodie, restera tristement célèbre. Il mérite donc d'être exposé dans ses causes, sa gravité et toutes ses circonstances. Il faut que le monde catholique se fasse une idée juste de la situation des gardiens du Saint-Sépulcre, ainsi que des hommes auxquels ils ont à résister.

Notre relation sera consciencieuse. Elle sera basée uniquement sur les documents et sur le rapport d'un témoin oculaire.

2. — Devant la basilique du Saint-Sépulcre s'étend un parvis rectangulaire entouré de deux côtés par les bâtiments d'un couvent grec. Au fond de ce parvis se trouve la basilique. A droite de la porte de l'église, est un escalier en pierres conduisant à la chapelle de Notre-Dame des Douleurs, appelée *Chapelle des Francs*.

Les trois rites : latin, grec et arménien, ont des droits communs sur ce parvis; mais la chapelle dite des Francs et l'escalier y conduisant sont la propriété exclusive des Latins. Ces derniers, de temps immémorial, exercent le droit de balayer, en outre de leur escalier, les trois rangées de dalles qui sont au pied de celui-ci.

Jamais on n'avait sérieusement contesté ce droit aux Latins, représentés sur les Saints Lieux par les Franciscains.

Cependant, une quinzaine de jours environ avant le fait que nous allons raconter, le Frère sacristain de la chapelle des Francs, qui, tous les matins, après la messe, balayait la chapelle, l'escalier et les trois rangées de dalles, fit savoir au Révérendissime Père Custode qu'un moine grec cherchait à l'empêcher d'accomplir ce travail.

Le P. Custode n'attacha d'abord que peu d'importance à un fait qu'il attribuait au caprice de quelque fanatique. Mais ces manœuvres se renouvelèrent, et alors, instruit par l'ancienne manière d'agir des Grecs, cent fois renouvelée, on commença à prendre la chose en sérieuse considération.

Le Grec, détenteur des Saints Lieux, ne craint pas d'aller jusqu'au crime, qu'il commet avec une satisfaction brutale. Son désir de dominer le pousse à toujours reculer les limites de son terrain et à accaparer les sanctuaires. Dans tout ceci, il suit un dessein bien prémédité : écrire un jour dans l'histoire de l'occupation grecque des sanctuaires un chapitre auquel il donnera pour titre : *Finis Latinorum.*

Les usurpations, il ne les accomplit pas toutes en une seule fois, mais il choisit le moment favorable et marche à petits pas. Il emploie la ruse, la fourberie, l'adresse, et, quand ces moyens ne lui suffisent pas, il a recours à la violence et au crime; il faut qu'il arrive à ses fins.

On doit tenir compte de cette tactique astucieuse pour comprendre l'importance donnée à un droit qui, en Europe, pourrait paraître puéril. L'expérience a prouvé que ces empiétements, futiles en eux-mêmes, pouvaient avoir de tristes conséquences, conduire aux plus graves usurpations. De là le devoir de résister avec toute l'énergie possible.

3. — La cause fondamentale de ces tristes événements a sa source dans le désir de dominer qui possède tout Grec schismatique, ainsi que dans sa haine, mal comprimée, contre les catholiques. Cette assertion pourrait paraître une grande utopie aux yeux d'un homme mal informé ou nourri d'illusions ; c'est une triste réalité.

Depuis quelque temps déjà des ferments de discordes intestines, dont il serait trop long de faire ici le récit, règnent dans la communauté grecque. Deux partis s'y sont formés : l'un, favorisant le patriarche grec actuel, l'autre, lui témoignant des sentiments hostiles.

Ce dernier, profitant de l'absence du patriarche, actuellement à Constantinople, travaillait de tout son pouvoir et avec une grande audace à la destitution de son chef légitime. Il s'occupait également avec une grande activité de la réhabilitation d'un certain individu..... Celui-ci, dans ce but, faisait du zèle pour acquérir du terrain et relever son prestige parmi les siens. Une persécution ourdie contre les Franciscains sembla favoriser ses projets.

Le soir même du 4 novembre, l'on entendit dire à un Grec :

« Nous ne sommes pas des moines, nous sommes des gens destinés à chasser de Terre Sainte les Franciscains. »

Ce même individu, trois jours après l'événement, traversant le parvis et voyant que cette triste affaire devenait de plus en plus inextricable, se serait écrié : « Ce parvis a de nouveau besoin d'être lavé avec du sang ! »

Mais occupons-nous à présent plus directement de cette triste affaire.

Il est de notoriété publique qu'il est absolument interdit de faire dans le Saint-Sépulcre aucune réparation sans le consentement réciproque des trois rites : latin, grec et arménien.

Or, voici que le 24 octobre au matin, l'on trouva blanchies trois chapelles du corridor qui, à gauche du Saint-Sépulcre et en arrière de la basilique, conduit au Calvaire. Ce travail s'était fait pendant la nuit.

Il faut cependant remarquer que ces chapelles appartiennent aux Grecs.

Le R^me P. Custode, comme il était de son droit et de son devoir, protesta énergiquement. Naturellement, ces protestations furent assez mal reçues par le supérieur grec du Saint-Sépulcre, le moine Euthymios.

Il ne semble pas téméraire d'affirmer que cette protestation ne fut pas sans influence sur l'esprit des Grecs, d'ailleurs toujours indisposés contre les Franciscains, pour les déterminer aux événements qui se produisirent le 4 novembre.

En cet état des choses et des esprits, tout événement, pour minime qu'il fût, pouvait avoir des suites regrettables.

D'autre part, un motif nouveau de discorde, motif prévu et voulu par les Grecs, s'ajoutait au précédent.

Depuis quelque temps, les trois communautés, latine, grecque et arménienne, avaient chargé un ingénieur, M. Franghia, des travaux de réparation aux lieux d'aisances de la basilique.

Ces lieux d'aisances étaient la cause d'une incommodité notable et ne pouvaient qu'être gravement préjudiciables à la santé du public.

Les travaux finis, Euthymios, prenant des airs de maître, envoya aux autres communautés le compte de la somme qu'elles devaient payer. Un employé de M. Franghia présenta dans la matinée du 31 octobre le mémoire en question au R^me P. Custode. Cette usurpation d'Euthymios dans une affaire où lui et le patriarche arménien entraient avec des droits absolument égaux déplut grandement à Sa Paternité Révérendissime. Elle fit observer à l'envoyé qu'il lui était impossible d'accepter ce règlement, puisque ce n'était pas Euthymios, mais bien l'ingénieur Franghia qui, en vertu d'une entente passée entre les trois communautés, était officiellement chargé des travaux.

Ces observations faites, le R^me P. Custode congédia le messager.

Le lendemain, l'ingénieur Franghia vint offrir ses excuses au R^me P. Custode ; il attribua la présentation de ce malencontreux état des frais à l'initiative d'Euthymios dont la manière d'agir avait du reste été désapprouvée au patriarcat grec, et promit en même temps d'envoyer dans le plus bref délai la note dans la forme réglementaire.

Cet incident, ainsi que divers autres dans lesquels le devoir des Frères Mineurs leur défendait de seconder les prétentions d'Euthymios, avaient froissé l'orgueil grec. Il ne faudra donc pas s'étonner si les Grecs, et Euthymios tout le premier, cherchaient un motif pour montrer par des faits leur rancune.

C'est là un exposé très bref des faits qui ont précédé l'attentat du 4 novembre. Quelques-uns ont seulement été touchés incidemment, d'autres ont été laissés dans l'ombre parce que nous n'avons pas de raison spéciale pour entrer dans de plus amples détails.

4. — Donc, les Grecs couvaient, si l'on peut ainsi parler, un ressentiment qui bientôt devait les conduire à une agression ouverte contre les fils de saint François. Mais, tout en méditant la violence et le crime, ne devaient-ils pas aussi donner à leurs prétentions les dehors de la légalité? Oui; l'art de colorer des apparences du droit un titre absolument faux est traditionnel chez eux. Ils se gardèrent bien de le négliger. Peut-être même espéraient-ils arriver par là plus sûrement à leur but. Quoi qu'il en soit, le stratagème auquel ils eurent recours est du nombre de ceux que l'on ne peut qualifier que d'indigne.

Le 29 octobre, Euthymios vint rendre visite au R^{me} P. Custode. Il s'excusa pour le blanchissage des chapelles pendant la nuit du 23 au 24 octobre, assura n'en avoir jamais rien su. Puis il se confondit en protestations d'amitié et de bonne harmonie, sentiments qui, dit-il, auraient toujours dû exister entre Grecs et Franciscains. Le P. Custode, sachant parfaitement quel fond il fallait faire sur la sincérité du personnage, répondit que ces assurances d'amitié ne pouvaient lui faire qu'un sensible plaisir, mais qu'il aurait préféré les trouver dans les actes plus encore que dans les paroles. Or, les actes n'existaient pas. Loin de là! depuis plusieurs jours, le sacristain franciscain de la chapelle des Francs était en butte aux vexations des Grecs lorsqu'il arrivait le matin pour balayer l'escalier conduisant à la chapelle et les trois rangées de dalles. Euthymios se montra de nouveau très surpris, insista sur sa parfaite ignorance de l'incident et promit que tout s'arrangerait d'une manière parfaitement amicale. Puis ce même gardien grec répéta la recommandation de toujours s'adresser à lui-même, chaque fois que les religieux auraient quelque plainte à formuler, et conclut qu'il serait bien plus profitable de s'entendre à l'amiable entre soi que d'en appeler à l'autorité gouvernementale. Sur cette déclaration, il prit congé du P. Custode.

Le P. Vicaire custodial assistait à l'entretien.

Cependant le matin du 1er novembre les tracasseries suscitées par les moines grecs au sacristain qui balayait suivaient leur cours ordinaire. Le Père Custode, pensant qu'Euthymios avait pu oublier les promesses par lui faites, envoya le drogman du couvent pour les lui rappeler. Mais le gardien grec avait changé d'allure et, d'un ton grave, répliqua qu'il examinerait la cause et donnerait sa répons

Cette réponse parvint au P. Custode le soir du 2 novembre.
Euthymios lui faisait savoir que, le lendemain matin, les moines
grecs s'opposeraient absolument à un balayage quelconque des
trois rangées de dalles de la porte des Franciscains.

On comprend la surprise du R^me P. Custode à cette brusque levée
de boucliers ; cependant, se mettant de suite à l'œuvre, il informa
le gouverneur de la réponse qu'il avait reçue. Le gouverneur
ordonna à deux policiers de se trouver le lendemain sur les lieux.

5. — On était au matin du 3 novembre. le P. Custode appela le
Père qui devait aller célébrer la messe à la chapelle des Francs et

lui ordonna, en cas de violence de la part des Grecs contre le
Frère sacristain, de simplement protester et de se retirer aussitôt ;
il voulut en outre que le drogman accompagnât les deux religieux.
Ils s'en allèrent et le Père dit la messe dans la chapelle comme
de coutume.

Quand elle fut terminée, le Frère sacristain commença le balayage ;
mais, au moment où il arriva aux trois rangées de dalles, une cinquantaine de moines grecs, dont quelques-uns n'avaient revêtu
l'habit monacal que pour la circonstance, l'entourèrent et l'empê-
chèrent par la violence de remplir son service. Ils étaient tous bien
armés.

Les deux policiers qui, par ordre du gouverneur, se trouvaient
sur la place, intervinrent, mais soit crainte, soit autre mobile dont

il est facile de deviner la nature, ils affirmèrent avoir ordre d'interdire tout balayage, soit aux Latins, soit aux Grecs.

Ni les religieux, ni le drogman n'insistèrent ; mais, selon les ordres qu'ils avaient reçus, ils protestèrent résolument et se retirèrent de suite.

La violence triomphait ainsi de la légalité.

6. — Les religieux de Saint-François, qui défendaient non pas leurs droits mais ceux de l'Eglise, ne pouvaient demeurer inactifs en face d'une usurpation irrationelle autant qu'injuste, opérée par la force.

Le Révérendissime Père Custode, bien fixé sur la légitimité de sa réclamation et, sachant d'autre part, que le gouverneur connaissait parfaitement la mauvaise foi des Grecs, crut bien faire en écrivant au gérant du consulat général de France. Il le priait de prendre en mains la défense des Franciscains.

Voici la teneur de cette lettre :

Jérusalem, 3 novembre 1901.

« Monsieur le gérant du consulat général de France
à Jérusalem.

» Je dois porter à votre connaissance un fait qui pourrait avoir les plus graves conséquences.

» Il est un antique usage en vertu duquel notre sacristain de la chapelle dite « des Francs », située à la droite de la porte d'entrée de la basilique, balaye tous les matins, après la messe, l'escalier conduisant à cette chapelle, ainsi que trois rangées de dalles. Cela s'est pratiqué jusqu'à ces derniers temps sans difficulté aucune.

» Mais voici que depuis quelques jours, les Grecs schismatiques, à titre de représailles contre notre protestation du 24 octobre et à la suite d'autres différends entre eux et nous, se sont avisés de troubler notre sacristain dans l'accomplissement de son office. Nous nous sommes efforcés de leur faire comprendre leur tort par voie de communication intime. Nos efforts n'ont obtenu aucun résultat. Ce matin encore, au moment où notre sacristain s'apprêtait à remplir sa tâche, plus d'une cinquantaine de Grecs, ayant à leur tête le drogman de leur couvent, vinrent l'en empêcher par la violence.

» Devant une telle violation du droit, nous ne saurions nous taire ; nous demandons que justice nous soit rendue. Cette justice, je l'attends aujourd'hui même, je ne puis croire qu'elle me soit refusée.

» Si, par impossible, cela était, je me verrais obligé de recourir à la force pour défendre des droits qui me sont confiés par le monde catholique.

» J'attends avec anxiété une réponse. Je vous en remercie d'avance et j'ai l'honneur de me dire,

» Votre tout dévoué serviteur,

» Fr. Frediano Giannini,
» Custode de Terre Sainte. »

Cette lettre, le Révérendissime Père Custode put la remettre en mains propres au gérant consulaire lui-même venu à Saint-Sauveur et aussi y ajouter de vive voix quelques explications. Le gérant promit de s'employer avec fermeté et zèle à la conclusion de cette affaire qui menaçait de prendre un caractère sérieux.

Le consul général, M. Auzépy, venait de recevoir son changement ; il était parti de Jérusalem ; c'était donc au gérant consulaire qu'incombait la charge de poursuivre le différend ; il le fit vraiment avec cœur.

Un danger menaçait. Les Grecs n'auraient-ils pas pu profiter de ce départ malencontreux ainsi que de l'absence de leur patriarche pour envenimer encore les faits ? Il est permis de le supposer.

Entre temps, le Révérendissime Père Custode ordonna au Père Vicaire de rendre une visite au gouverneur pour connaître ses dispositions.

A son retour, le Père put assurer n'avoir trouvé dans cet officier supérieur que les intentions les plus bienveillantes à notre égard.

Chemin faisant, le Père Vicaire rencontra le gérant consulaire qui, lui aussi, se rendait chez le gouverneur dans le but d'arriver à une heureuse solution.

Néanmoins, ce n'était pas sans une certaine appréhension que l'on attendait la décision. Ni les bonnes dispositions du gouverneur, ni la louable et énergique intervention du gérant consulaire ne pouvaient parfaitement rassurer.

Personne n'ignore comment, en Orient, la faiblesse et la corruption des intéressés, comment l'influence du plus fort, peuvent, d'un moment à l'autre, changer la face d'une question.

Vers 3 heures de l'après-midi, même jour, 3 novembre, Euthymios faisait appeler le drogman du couvent. Le Père Custode se trouvait en ce moment au chœur avec la communauté, il fit parvenir au drogman l'ordre de se rendre chez celui qui l'appelait, puisqu'il en était requis, mais de ne s'y présenter que comme homme privé, de tout entendre et de ne rien répondre.

Le but de cet entretien, on le comprit lorsque, peu après, le gouverneur envoya son drogman Besciara Effendi au Père Custode lui proposer, à titre d'accommodement, de se contenter du droit de balayer une ou tout au plus deux rangées de dalles. Le Père Custode s'y refusa, il dit qu'il tenait à conserver intacts les droits jusqu'ici incontestés des Franciscains, droits qui remontaient à un temps immémorial et qu'il n'abandonnerait que sur un ordre exprès de l'autorité supérieure.

Vers le soir, vint le drogman du consulat français proposer au Père custode les mêmes solutions, mais Sa Paternité ne put qu'opposer les mêmes refus.

La raison de ce rejet, du reste, est parfaitement claire.

Comment, lui et ses religieux, pouvaient-ils recevoir des Grecs, à titre d'aumône, une partie de ce qu'ils possédaient en entier et de plein droit ?

De plus, abstraction faite de l'ironie d'une telle proposition, les droits, qu'elle qu'en soit la valeur, que revendiquent et défendent le Père Custode et les Franciscains relativement aux Lieux Saints, ce n'est pas à titre de privilège personnel dont il leur soit loisible de disposer à leur gré qu'ils les réclament, c'est comme bien de l'Eglise.

L'autorité locale peut user de la force matérielle pour les contester, elle n'a pas la raison en sa faveur ; les Franciscains auront alors toujours la ressource de recourir à une autorité supérieure. S'ils cédaient et acceptaient une transaction sur une simple proposition et sans ordres, quelle voie leur resterait-il pour revendiquer les droits usurpés dont ils sont les dépositaires responsables?

Cependant les propositions dont nous venons de parler faisaient entrevoir le sérieux embarras où se trouvaient les autorités. Celles-ci devaient tenir compte des surprises possibles du lendemain, et le Père Custode ne pouvait faire moins que de les prévenir.

Le refus qu'avait apposé le Révérendissime Père Custode fut l'occasion de nouveaux pourparlers entre le gouverneur et le gérant consulaire. De ces pourparlers il sortit une décision favorable aux religieux. Vers 11 heures du soir, le drogman du consulat français vint dire au Père Custode que le gouverneur avait fait la promesse formelle de maintenir les religieux dans leurs droits jusqu'à ce que l'enquête qui allait s'ouvrir eût conclu. De plus, ce même officier ordonnait que le lendemain on accomplît le balayage accoutumé.

7. — Ces derniers avis rassurèrent un peu le Père Custode.

C'est en cet état que se trouvait l'affaire au matin du 4 novembre, jour funeste où l'ambition grecque devait triompher, où le crime, l'or et le sang allaient avoir raison des droits les plus authentiques.

Le Révérendissime Père fit part des communications qu'il avait reçues au Père qui devait dire la messe à la chapelle des Francs. Il lui donna, en outre, pour instructions, d'assister, lui et le drogman, au balayage du Frère sacristain, puis de venir le renseigner de suite sur tout ce qui pourrait se produire de nouveau.

La messe finie, le Frère commença le balayage. Pendant ce temps, huit ou dix moines grecs, ayant à leur tête leur vicaire, étaient sortis de la basilique et se trouvaient sur la place. Deux d'entre eux avaient un balai en main. Une agglomération plus nombreuse que de coutume, en grande partie composée de Grecs, se trouvait sur le parvis. Elle observait et formait plusieurs groupes. Un commissaire du gouvernement, accompagné de trois policiers, étaient également présents.

Lorsque le Frère sacristain arriva aux trois rangées de dalles, les moines grecs et leur vicaire s'opposèrent à l'accomplissement de son devoir. Quelques-uns d'entre eux (ils ont été notés et sont parfaitement connus) montrèrent dès ce moment un grand désir d'en venir aux mains. Les deux religieux et le drogman protestèrent sur le lieu même contre cette injuste violence et en appelèrent à l'ordre exprès du gouverneur. Mais les moines grecs ne s'inquiétant ni d'ordre ni de gouverneur, imposèrent leur volonté par la force. Le commissaire et les trois policiers intervinrent, mais avec une mollesse et un certain sourire qui prêtait le flanc à de nombreux soupçons.

Les choses en étant là, le Père chapelain laissa le drogman sur les lieux en lui ordonnant d'empêcher les Grecs d'accomplir le balayage qu'ils avaient déjà tenté de faire quelques instants auparavant. Quant à lui, il retourna à Saint-Sauveur informer le Père Custode de la situation.

Quelques religieux étant allés pendant la matinée faire leurs dévotions au Saint-Sépulcre, entendirent du bruit. Ils sortirent pour voir ce dont il s'agissait. L'ayant appris, ils entourèrent le drogman.

Le Révérendissime Père Custode, informé de cette opposition et de l'acte de violence accompli par les moines grecs, envoya sur les lieux le Père Vicaire. De plus, il dépêcha un exprès au consulat français pour faire part des événements. Il en reçut l'assurance que le gouverneur allait être avisé du tout et qu'il serait pris immédiatement des mesures efficaces.

La difficulté qui, le jour précédent, avait été résolue en faveur des religieux, était de nouveau mise en question sur le terrain diplomatique. Mais l'ambition grecque ne savait se contenter de ces délais qui auraient pu amener une solution défavorable à ses prétentions. Aussi songea-t-elle dès lors à trancher la question par le crime.

Le bruit des premières violences dont s'étaient rendus coupables les Grecs s'était déjà répandu dans le couvent de Saint-Sauveur. D'autres religieux accoururent sur la place, non pas dans l'intention d'y répandre la confusion et le désordre, mais dans celle de demeurer à leur poste, en parfaite tranquillité et sans armes, et, par ce moyen, de défendre leur droit jusqu'à ce que le gouverneur exécutât sa parole ou la retirât.

Après le premier différend, quelques soldats avaient été dirigés sur la place. Le commandant de la troupe et celui de la police les accompagnaient. Aussi pouvait-on espérer que le bon ordre ne serait pas troublé.

On ne tarda pas à s'apercevoir combien cette garantie était illusoire, combien étaient fondés les motifs de crainte.

Le nombre des moines, des popes et des sacristains grecs résidant à Jérusalem ou ailleurs s'augmentait à vue d'œil. Chaque heure, chaque minute, en voyait croître le nombre. Un moment, ils furent dispersés d'une manière bien tumultueuse en apparence, mais peu efficace en réalité.

C'est alors que nos appréhensions commencèrent à prendre corps, car la majeure partie de ces Grecs — et l'on a remarqué que c'étaient les plus robustes — se retirèrent dans les chapelles du rez-de-chaussée du couvent grec de Saint-Jacques, situé à gauche de la basilique. Quelques religieux franciscains le firent remarquer aux policiers, mais sur la porte se tenaient quelques popes protecteurs, et les brigands à solde restèrent où ils étaient. Un policier très connu s'avança pour chasser de là cette engeance, comme du reste c'était son devoir. Il fut curieux de voir ce digne fonctionnaire échanger avec les popes qui protégeaient l'entrée quelques paroles accompagnées d'un sourire indulgent, et, loin de commander à ces hommes massés de se disperser, les pousser à l'intérieur avec un zèle affecté.

La véritable raison de sa manière d'agir, la voici :

Ces bandits devaient monter sur les terrasses avoisinantes et augmenter la multitude déjà si grande de ceux qui, sous prétexte de curiosité, s'y trouvaient réunis. Ils avaient pour instructions d'y porter de grosses pierres pour servir au massacre qui allait commencer. Aux pierres ils avaient joint des bonbonnes de pétrole et de nombreux morceaux de linge. Au moment voulu, ces linges devaient être trempés dans le pétrole, puis enflammés et lancés sur les Franciscains déjà agonisants. Ces malheureux devaient ainsi être brûlés vifs. Mais Dieu ne permit pas cet acte de suprême barbarie.

Les deux commandants arrivés sur la place s'abouchèrent avec les Grecs; le drogman des Franciscains, nommé Francis, intervint également. Une longue discussion suivit, dans laquelle le commandant Ali-Bey s'efforça de persuader aux Grecs de laisser les religieux accomplir le balayage ordinaire. C'était là, du reste, l'ordre du gouverneur.

Le gardien grec, Euthymios, ainsi que les siens, s'y refusèrent absolument. Ali-Bey se tourna alors vers le patriarcat grec, mais le même refus l'y attendait. Ces louables efforts contrastaient péniblement avec cette triste indifférence qui permettait aux Grecs, sans être le moins du monde inquiétés, leurs préparatifs de carnage.

Après le débat dont nous avons parlé, l'on vit le gardien grec accompagné de son drogman sortir par la porte de Jaffa et se rendre chez le gouverneur.

Vers 9 h. 1/2, s'était considérablement accru le nombre des moines grecs — il serait plus juste de dire des Grecs habillés en moines. Ces travestis étaient légion; on y reconnut même de fieffés coquins notoirement connus comme tels. — Tous étaient fortement armés de hachettes, de stylets, de poignards, de revolvers et de bâtons courts mais pesants. Quelques poignards tombés par hasard sur le sol révélaient les intentions sanguinaires. On aperçut même divers revolvers briller dans les larges plis de la toge orthodoxe, mais heureusement ils n'entrèrent pas en scène au moment de l'attentat. Quelques gens plus effrontés que les autres ne craignaient pas de dire qu'on allait célébrer la vigile de saint Jacques. De fait, leur calendrier désignait le lendemain comme étant la fête de saint Jacques, premier martyr du collège apostolique, qui périt par le glaive sous Hérode Agrippa.

La situation devenait donc de plus en plus critique. Le T. R. Père Vicaire custodial et le drogman avertirent à plusieurs reprises les officiers militaires et les employés civils du péril qui devenait imminent, des intentions hostiles des Grecs, des armes qu'ils portaient, de l'urgence de faire évacuer les terrasses. Mais on n'écouta ces avertissements qu'avec indifférence, et l'on ne pensa même pas à prendre les moyens capables d'éloigner le danger.

La foule, en grande partie composée de Grecs, s'était de nouveau massée, et la force militaire ne prit même pas la peine de la disperser. Vingt religieux de Saint-François, parfaitement calmes, sans armes et sans mauvais vouloir, bien persuadés, au contraire, que le combat, en de pareilles circonstances, serait pour eux un véritable carnage, se tenaient assis sur l'escalier conduisant à leur chapelle. Ils voulaient simplement affirmer leur droit par leur présence et attendre l'accomplissement de l'ordre gouvernemental.

Vers 10 heures, le commandant Ali-Bey fut appelé chez le gouverneur. De retour, au bout d'une heure environ, il alla s'entretenir avec le supérieur grec.

Cela fit supposer qu'il avait reçu des ordres favorables aux religieux de Saint-Francois. La supposition était fondée.

Vers midi, l'entrevue entre Ali-Bey et Euthymios prit fin, et celui-ci envoya de suite son drogman chez le gouverneur. C'était là comme une confirmation que les ordres de ce dernier continuaient à être favorables aux religieux et contrariaient les prétentions grecques.

9. — Sur les parvis du Saint-Sépulcre, rien n'était changé, mais les motifs de crainte n'avaient fait que se fortifier.

Le Vicaire custodial qui, par ordre du R^{me} P. Custode, se tenait sur les lieux depuis le matin, reçut là même une lettre du consulat français.

Le gérant consulaire confirmait les paroles du gouvernement et engageait à attendre avec calme et patience la solution définitive.

Il ajoutait avec délicatesse que, quoique absent, il ne cessait de s'occuper efficacement des religieux franciscains. Il ne sera pas sans utilité de rapporter cette lettre en son entier :

Le lundi midi.

« Mon Très Révérend Père,

» Comme vous devez le savoir, le consulat général ne cesse de s'occuper, depuis ce matin, du conflit qui est survenu entre vous et les Grecs. Mon opinion n'a pas varié : vous devez attendre patiemment la solution de l'affaire.

» Vous savez que tout, dans ce pays-ci, va lentement, et je suis convaincu que vous me comprendrez. Le gouverneur m'a renouvelé la promesse que vous auriez le droit de balayer comme auparavant, jnsqu'à la fin de l'enquête qui doit éclairer la situation. Je suis fort de cette assurance, et les événements ne peuvent manquer de se dérouler comme nous le désirons. Mais ne brusquons rien et montrons par la correction de notre attitude que nous savons attendre l'heure de la pacification. Quoique absent — et cette absence est nécessaire dans le cas — j'agis et veille à la sauvegarde de vos intérêts.

» Votre bien dévoué,
» Wiet. »

Cette lettre n'a besoin d'aucun commentaire. Elle est digne du consul d'une nation qui, en Orient, est la protectrice des Lieux Saints.

C'est ici une obligation de conscience de confesser devant les hommes et devant Dieu que le gérant consulaire de France, M. Ferdinand Wiet, a fait tout son devoir, à l'honneur de la puissance protectrice et pour la défense des intérêts catholiques dans les sanctuaires de Palestine. Que si, malgré cela, quelqu'un cherche à faire retomber sur lui une part de responsabilité dans la tragédie qui suivit, il ne faudrait aucunement s'en étonner. Le monde, en effet, est bien souvent injuste envers qui remplit consciencieusement son mandat.

Entre temps, des ordres avaient été échangés entre le gouverneur et les officiers.

Le Père vicaire fît parvenir au Révérendissime Père Custode la lettre qu'il avait reçue du consulat.

Pendant que celui-ci la parcourait, on lui annonça la visite du gérant consulaire. M. Wiet venait pour conférer sur la difficulté de la situation et voir s'il était possible de sauvegarder les droits des religieux sans les exposer à un péril d'heure en heure plus menaçant. Le Père Custode montra la plus grande déférence pour les prudentes observations du gérant et ajouta qu'il était prêt à tout faire pour éviter un conflit déjà trop long. Sous cette impression, il fît appeler le Père vicaire, qui se trouvait toujours sur le parvis du Saint-Sépulcre et dont la longue expérience de l'Orient devait apporter le plus précieux concours pour trouver la meilleure solution de cette affaire.

Le Père vicaire arriva vers 3 heures de l'après-midi.

Cinq minutes s'étaient à peine écoulées qu'un religieux se précipite dans la pièce où se trouvaient le Père Custode, le gérant consulaire et le Père vicaire et s'écrie tout affolé que les Grecs avaient commencé le massacre. Immédiatement, un autre religieux accourt, annonçant que de nombreux Franciscains gisent étendus sur le sol, peut-être morts. Le gérant part aussitôt, suivi du Père vicaire.

A ce moment, les cloches du Saint-Sépulcre commencent à faire entendre des accents sinistres.

Que s'était-il donc passé?

10. — Les moines grecs avaient remarqué le départ du Père vicaire, et, par leurs espions, ils avaient appris qu'il se trouvait au couvent en compagnie du gérant consulaire. Ils en avaient profité pour commencer le carnage, d'autant plus qu'ils craignaient la production d'un incident qui leur aurait enlevé des victimes désignées à leurs coups.

Le gardien grec Euthymios se trouvait sur la place. Comprenan t que l'autorité ne favorisait point ses projets d'ambition, et surtout que les sentiments de modération commençaient à prendre le dessus au patriarcat grec, il entra dans la basilique du Saint-Sépulcre. Là, se tenaient de nombreux moines grecs prêts à l'action. On supposa qu'il donnait des ordres pour préluder au carnage, on ne se trompait pas. A cet instant, au rapport d'un témoin oculaire, envoyé sur les lieux à cause de sa connaissance de la langue turque, l'on entendit les officiers, en parlant des Grecs, se dire réciproquement, avec une certaine complaisance : « Nous y sommes !..... A la besogne, maintenant !.... » et d'autres propos semblables.

Les schismatiques commencèrent donc leur œuvre néfaste, n'apercevant presque aucune opposition de la part des soldats. Ceux-ci affectaient une grande inertie pour la défense des victimes. Du reste, et ce fut un fait très remarqué, leur nombre était fort inférieur à la situation. Tout ceci, il faut bien le reconnaître, fait naître de graves soupçons.

Si, quelque temps après, il en vint d'autres pour arrêter l'effusion du sang, ce fut grâce à un religieux qui, échappé au massacre, alla réclamer le secours de la force armée au quartier de Sion.

Nos religieux étaient encore assis sur les degrés de l'escalier de la chapelle des Francs, quand, tout à coup, les Grecs, du haut de leurs terrasses, se mirent à cracher sur eux. Les soldats n'y répondirent que par une très froide protestation.

Au même instant, le dernier degré de l'escalier est occupé par les moines grecs qui empêchent nos religieux de descendre, et cela afin de les lapider tous ensemble.

Ces derniers font de pacifiques remontrances aux officiers et au commissaire du gouvernement. Aussitôt, les Grecs, en prennent occasion pour les bousculer. Il en suit une confusion. Le commissaire turc, laissant les Grecs frapper et maltraiter leurs victimes, ordonne à celles-ci de ne pas bouger, de rester sur les degrés de l'escalier. De plus, il ose leur faire signe de se tenir les bras croisés (*sic*). Voulait-il donc les voir immoler en un instant ?

Pendant ce temps, Euthymios sort de nouveau de la basilique. *Plus d'un témoin* l'a entendu ordonner à ceux de ses gens qui se trouvaient sur les terrasses de jeter des pierres sur les Franciscains, puis de se retirer aussitôt dans le monastère voisin.

On entendit alors d'autres Grecs, ceux-là parfaitement bien connus, s'écrier : « En bas, les pierres ! » Un sacristain grec, depuis le matin sur le clocher, commence à tinter : c'est le signal convenu. Aussitôt, une multitude de Grecs, popes, moines, sacristains (assassins vêtus en moines) et beaucoup de Grecs séculiers sortent de leurs cachettes. Tous sont armés en bourreaux ; animés d'une fureur satanique, et, avides de sang et de carnage, se préparent à accomplir leur œuvre.

Une grêle ininterrompue de pierres commence alors à pleuvoir du haut des terrasses sur les religieux réunis sur l'escalier. Plusieurs tombent à terre, la tête fracassée ; d'autres parviennent à se réfugier dans la chapelle. Mais, là encore, ils ne peuvent trouver un refuge assuré ; les Grecs cherchent à les frapper par la fenêtre qui donne sur le Calvaire. Il en est qui sont tirés en bas par leur tunique et reçoivent des blessures effrayantes. Ceux qui tentaient de s'enfuir et de se défendre, sans autres armes que leurs propres mains, sont poussés au milieu du parvis, où ils sont accablés de coups de bâtons, blessés de coups de couteaux et de poignards, tailladés par des hachettes, horriblement défigurés par la pluie de pierres qui ne cesse pas.

Le sacristain latin du Saint-Sépulcre, désireux de voir ce qui se passe, sort sur le parvis, le capuce sur la tête et les mains dans les manches ; il est aussitôt entouré de Grecs initiés aux Ordres sacrés. De la terrasse, on lui lance une grosse pierre. Un des diacres grecs le frappe par derrière à la nuque. D'autres s'acharnent sur cette pauvre victime ; il tombe baigné dans son sang et les bourreaux continuent de le frapper.

Un autre Frère, tiré du milieu de la mêlée, est jeté par terre. Des coups de bâton lui ouvrent le crâne. Il perd une grande quantité de sang et tombe évanoui. On vit alors *deux policiers turcs le frapper de leur cravache.*

Un Père franciscain, très jeune encore, est pris au cou par un Grec séculier qui essaye de l'étrangler. A peine échappé, il rencontre un autre Grec qui lève sur lui sa hachette. Il réussit encore cette fois, presque par miracle, à éviter cette rencontre et se réfugie derrière un officier ; celui-ci reçoit aussitôt un coup de pierre à la nuque. Un autre officier est blessé à l'œil et l'on désespère de sa guérison.

Un autre soldat est encore atteint et tous ont assez à faire pour n'être pas désarmés par ces furibonds. Quelques coups de fusil auraient pu arrêter cette avalanche de pierres, mais les officiers ne donnaient pas d'ordre.

On ne respecte pas même les religieux avancés en âge et venus là accidentellement. Ils sont terrassés et foulés aux pieds.

A ce moment, le vacarme est étourdissant, la confusion horrible, le sang coule à flots ; des pierres tombent avec fracas. Le peu de soldats qui restaient cherchent même à s'éloigner.

Aussitôt les Grecs de profiter de cette absence pour balayer les trois rangées de dalles. Mais un officier, s'en apercevant, les arrête.

Un grand nombre de spectateurs étrangers à la nation grecque s'enfuient épouvantés à la vue de ce spectacle indescriptible de sang et d'horreur. Les femmes latines et turques poussent des cris affreux et tombent en défaillance.

Du côté des Grecs, les femmes, les unes sur la terrasse, donnent des pierres aux bourreaux ; les autres, sur le parvis, poussent des cris d'allégresse, de ces cris usités en Orient aux jours de noces ; les hommes, jeunes et vieux, moines et séculiers, voyant leurs victimes agonisantes et étendues sur le sol, agitent leurs mains et s'écrient : *Vivat !*

Aux premières nouvelles du massacre, le P. Vicaire Custodial avait quitté le P. Custode pour retourner au Saint-Sépulcre. A peine a-t-il paru que quatre moines grecs s'emparent de lui, le conduisent hors de tout secours possible, et se mettent à le frapper à coups de bâton et de hachette dans l'intention évidente de lui donner la mort. Un janissaire des Franciscains et celui du vice-consul de Hollande, aidés par un soldat resté fidèle à son devoir, réussirent pourtant à le dégager, atténuant la violence du second coup de hachette, auquel il aurait dû succomber.

Enfin les nouveaux soldats que le Franciscain était allé chercher arrivent, grâce à Dieu ! et mettent fin au carnage.

Par suite, le pétrole tenu en réserve pour le moment opportun ne put entrer en jeu.

Ce fut par un bienfait de la miséricorde divine que les religieux latins n'opposèrent aucune résistance et que les Grecs ne firent pas usage de leurs armes à feu. Si cela avait eu lieu, au témoignage de gens bien posés pour le savoir, pas un religieux n'eût échappé au carnage. Quinze tombèrent à terre, blessés, et quelques-uns très gravement; les autres sortirent presque tous de ce lieu meurtris et fort maltraités.

Les nouvelles de ces fâcheux événements arrivaient toujours plus tristes aux oreilles du Révérendissime Père Custode. Enfin, le tintement lugubre des cloches lui annonça le glas de ses enfants. Il se montrait très affligé depuis plusieurs jours, mais alors la mesure atteignit son comble. Il apparut un moment comme foudroyé, et on le vit longuement pleurer.

11. — Après le massacre, les religieux blessés et couverts de sang furent transportés à Saint-Sauveur. Ce fut pour tous un moment de profonde tristesse et d'angoisse poignante. En contemplant ces lamentables victimes du devoir, on était saisi d'un sentiment de répulsion pour les prêtres assassins, de compassion pour les héros vaincus. Quant à eux, ils s'étaient montrés dignes de leurs devanciers dans la garde des Saints Lieux; ils avaient souffert pour la justice. Une fois encore le sang franciscain avait coulé sur la terre de Palestine et montré que les sentinelles du catholicisme savent toujours se tenir à leur poste d'honneur. Ils étaient heureux !

Le couvent de Saint-Sauveur ressemblait à une ambulance au soir d'une bataille sanglante.

Accouru sur le parvis, le gérant consulaire fut témoin d'une partie du désordre; aussitôt il adressa aux autorités gouvernementales des reproches sévères, vraiment dignes d'un consul. Entre autres choses, il leur dit:

« Ici, sur ce lieu de massacre, ici, sur ces pierres baignées par le sang des religieux franciscains protégés par la France, je viens vous demander compte de votre manière d'agir. Je veux une réparation sérieuse de vous, des Grecs, auteurs de l'attentat de ce soir, de tous ceux qui pouvaient l'empêcher et ne l'ont pas fait. Je vous le répète, j'exige une réparation absolument ! absolument ! absolument ! »

Après ces paroles, il se rendit au couvent pour visiter les malades, et, rencontrant le commissaire du gouvernement, il lui exprima toute son indignation : « Si j'avais pu prévoir, lui dit-il, que vous laisseriez massacrer mes frères, les Franciscains, par ces bêtes féroces de Grecs, je leur aurais donné ordre de se retirer. Mais, comment soupçonner pareille chose quand j'avais la parole du gouverneur ? Sachez donc que vous vous êtes créé de graves responsabilités en laissant la force triompher du droit et en permettant à la violence de répandre le sang d'une poignée de gens respectables et paisibles. »

Sur le parvis arrosé par le sang des victimes se présentèrent Euthymios et ses moines. Le gardien grec venait — et c'est là le

comble de l'hypocrisie et des fourberies helléniques — il venait protester et empêcher que d'autres religieux entrassent que ceux de
la communauté. Ce moine assassin feignait de craindre ceux qu'il
venait d'assassiner.

12. — Les blessés à peine transportés à Saint-Sauveur, on fit
appeler le Dr Savignoni et le Dr Mauchamp, médecins, l'un du
couvent, l'autre du Consulat français; tous deux prodiguèrent leurs
soins avec zèle et sollicitude. Ils firent aussi un rapport officiel dont
un exemplaire fut transmis de suite à toutes les autorités intéressées,
soit ottomanes, soit européennes. De ce rapport, il ressort que les
blessés étaient au nombre de quinze, savoir :

1 Français : M. Auguste Viaud (T. R. P. Prosper, de Marennes), vicaire
Custodial, né le 15 août 1852. Pronostic réservé.

2 Allemands : 1° M. Jean-Georges Weiker (R. P. Joseph, de Bernhenren),
doyen des religieux du Saint-Sépulcre, né le 12 août 1841. 2° M. Gérard
Thonnessen (V. Fr. Luc, de Hommersun), né le 7 août 1865. Pronostic réservé.

5 Italiens : 1° M. Jean Gramiacca (R. P. Jean-François, de Cave), prosecrétaire de Terre Sainte, né le 23 juin 1873. Pronostic déterminé.
2° M. Pierre Auge Russo (V. Fr. Ange, de Minori), ancien quêteur d'Amérique, né le 22 août 1845. Pronostic très réservé. 3° M. Sévère Tangari
(V. Fr. Jacques, de Trilizzi), né le 1er octobre 1866. Pronostic déterminé.
4° M. Joseph Mirchi (V. Fr. Vincent, d'Arnara), né le 9 mai 1859. Pronostic réservé. 5° M. Constantin Luciano (V. Fr. Constantin. d'Avella),
né le 19 août 1870. Pronostic déterminé.

1 Anglais : M. Paul Michaleff (V. Fr. Celse, de Malte), né le 11 mars 1868.
Pronostic réservé.

1 Espagnol : M. Donat Zubia (V. Fr. Donat de Madragon), né le
6 avril 1851. Pronostic déterminé.

2 Russes : 1° M. Julien Marcowski (V. Fr. Ladislas, de Podgosz), premier sacristain du Saint-Sépulcre, né le 11 septembre 1861. Pronostic
réservé. 2° M. Isidore Kondzic (V. Fr. Isidore de Sakkolka), né le 13 janvier 1862. Pronontic déterminé.

1 Hollandais : M. Guillaume Yaspers (V. Fr. Servais, de Wyk-Maëstrick),
né le 11 mai 1841. Pronostic réservé.

2 Syriens : 1° M. Abd-Allah Suau (V. Fr. Didace, d'Alep), né le 9 janvier 1857. Pronostic déterminé avec réserve. 2° M. Carabet Ego (V. Blaise,
de Mardin), né le 16 novembre 1870. Pronostic déterminé.

Ce rapport a été signé par les 3 docteurs suivants : 1° Armedacq,
médecin de la municipalité; 2° A. Savignoni, médecin du couvent;
3° Mauchamp, médecin du gouvernement français à Jérusalem.

Les autorités consulaires d'Autriche, d'Italie et d'Espagne vinrent
le soir même présenter leurs condoléances au Révérendissime Père
Custode et s'informer du fait. Le lendemain, les consuls de Hollande,
d'Angleterre, des Etats-Unis, d'Allemagne et de Russie rendirent
une visite dans le même but.

Ce dernier confirma que plusieurs Grecs s'étaient déguisés en
moines pour prendre part au massacre; peut-être pensait-il par là
diminuer la responsabilité brutale de la nation grecque. Chaque
consul visita les malades de sa nation.

Les autres communautés religieuses de Jérusalem prirent part à la douleur des religieux de Saint-François; elles envoyèrent aussitôt au couvent leurs représentants pour exprimer leur sympathie. Plusieurs supérieurs vinrent en personne. Le Révérendissime Père Custode reçut également plusieurs lettres, parmi lesquelles nous citerons celle du Supérieur des Pères Blancs de Sainte-Anne.

« Jérusalem, le 5 novembre 1901.

» RÉVÉRENDISSIME PÈRE,

» En apprenant les inqualifiables attaques dont vos religieux ont été l'objet et les victimes hier soir, je me hâte de vous exprimer mes sentiments de très respectueuse sympathie. Avec tous ceux qui ont le sentiment de la justice, je réprouve ces odieux et criminels attentats que seule l'iniquité peut concevoir et perpétrer.

» Je compatis aux souffrances de ceux de vos frères qui ont été si cruellement maltraités, mais je ne puis oublier que le Divin Maître proclame « bienheureux » ceux qui souffrent pour la justice.

» De votre Paternité Révérendissime,

» Le très humble serviteur en Notre-Seigneur,

» P. L. FÉDERLIN,
» *supérieur du Séminaire de Sainte-Anne* ».

A cette lettre était joint un billet à l'adresse du Très Révérend Père Vicaire :

« Le P. FÉDERLIN,
» *des Pères Blancs,*

» présente ses respectueuses condoléance au Révérend Père Vicaire custodial. C'est avec la plus vive peine qu'il a appris l'abominable attentat dont il a été la victime.

» En vous souhaitant un très prompt rétablissement, permettez-moi de vous dire : Honneur à ceux qui sont frappés pour la cause de la justice et du droit.   FÉDERLIN. »

14. — Tout ce que nous avons rapporté suffirait amplement pour renseigner sur l'opinion publique. On plaignait les religieux, on était pénétré d'indignation pour leurs agresseurs.

Dès le matin, le public avait pu voir la conduite digne des Franciscains; il connaissait leur droit et admirait leur calme. Il les vit, pendant le massacre, inoffensifs et sans armes, puis étendus à terre, plongés dans leur sang. Il ne pouvait que compatir et admirer. Ces sentiments étaient ceux des Latins ; les musulmans eux-mêmes exprimèrent leurs sentiments de bienveillance envers les « Frères de la Corde ». Quant aux Grecs, peu satisfaits de leurs crimes, ils y ajoutèrent les insultes et les moqueries. Cependant, quelques-uns d'entre eux sentirent en eux renaître l'humanité ; l'un d'eux, personne respectable, s'exprima ainsi : « Les nôtres croient avoir fait aujourd'hui acte de bravoure quand, au contraire, ils se sont rendus coupables d'un crime qui les déshonore. »

Une autre personne, jouissant d'un certain crédit, jusqu'ici peu sympathique aux religieux, dit à son tour : « Jusqu'à présent, j'ai été peu bienveillant envers les Franciscains, mais, dorénavant, je ne permettrai jamais qu'en ma présence on parle mal d'eux. Aujourd'hui, je commence à les admirer comme des martyrs du devoir. »

Sans faire l'apologie des victimes, nous rapportons simplement les faits.

15. — Quand, le soir du 4 novembre, la communauté de Saint-Sauveur se réunit au réfectoire pour la collation, elle offrit un spectacle attendrissant. Bien des places occupées à midi se trouvaient être vides. Le R^{me} Père Custode adressa quelques mots émus à sa communauté pour exprimer sa douleur. Il exalta le généreux sacrifice des victimes qui, à cette heure, gémissaient sur leur lit de douleur. Il les appela martyrs du devoir et bienheureux, parce que, à l'exemple d'un grand nombre de leurs devanciers, ils avaient versé leur sang pour une noble cause.

Ensuite, il les exhorta à se rendre de plus en plus dignes, par l'amour du sacrifice, par la régularité de la vie, par la ferveur dans la prière, par l'exacte observance de la règle franciscaine, d'être les gardiens des Saints Lieux. Tous se retirèrent profondément touchés.

Ainsi se termina cette journée tristement célèbre par des actes de froide audace et de cruelle barbarie d'une part; par le calme inaltérable, la sublime patience dans l'offrande de la vie, d'autre part.

La justice humaine suivra-t-elle son cours? Il faut l'espérer. En tout cas, les Franciscains attendent avec sang-froid de Dieu leur récompense.

16. — Puisse le ciel, à ce triste récit, toucher les cœurs, surtout celui de ceux qui peuvent venir en aide. Les Franciscains, gardiens des Saints Lieux, pas plus aujourd'hui qu'autrefois, ne refusent de verser leur sang pour la défense des sanctuaires à eux confiés. Mais trop souvent hélas! leur sacrifice n'atteint pas son but. Leur sang, leur vie même, ne suffisent pas à protéger les droits du monde catholique; c'est là pour eux un chagrin de tous les instants.

Avec les firmans établissant le *statu quo*, on crut avoir résolu la question des Lieux Saints. A cette occasion, on aurait pu beaucoup obtenir; malheureusement on oublia de prendre une précaution pourtant simple et élémentaire: déterminer par un écrit officiel les droits respectifs des différentes communautés attachées aux sanctuaires. Qu'en résulte-t-il? C'est que, tandis que les firmans imposent le *statu quo*, on ne peut s'entendre sur la portée de ce même *statu quo*. Dans la plupart des cas la seule règle c'est l'usage traditionnel. Cette règle pourrait rendre de grands services si les communautés rivales étaient toujours animées de sentiments de bonne volonté réciproque. Mais, il faut bien l'avouer, cela n'est point le cas; par suite on comprend les difficultés. Et alors, à quoi peut bien servir ce fameux *statu quo?*

Reconnaissons-le pourtant, il n'est pas sans utilité. Il fait que toujours le religieux Franciscain a l'œil ouvert pour prévoir les coups d'audace que la fourberie et l'insigne mauvaise foi de ses ennemis ont préparés. Mais souvent, pour éviter ces usurpations, la vigilance ne saurait suffire; il faut alors recourir à l'autorité supérieure. Mais de quelle législation est armée cette autorité supérieure pour trancher avec équité des difficultés dont la solution réclame des traditions affirmées par les uns, niées par les autres?

Le religieux de Saint-François doit toujours, dans ces cas, recourir à l'autorité du Consulat français, reconnue légalement comme défensive des droits de l'Eglise catholique en Orient. Il lui faudra d'abord convaincre le consul français de l'authenticité de ces droits. Or, il arrive parfois que, par suite de circonstances indépendantes du consulat, les contradicteurs ont tellement embrouillé la question, que la vérité est fort difficile à démêler. Puis, ce premier pas accompli, tout n'est pas fait. Le consul français doit en référer à l'autorité locale ottomane, c'est-à-dire que toute l'affaire tombe en des mains turques. Bien précaires sont dès lors les chances de succès pour les pauvres Franciscains. Ils sont étrangers; leurs adversaires, au contraire, sont sujets de la Porte, attachés à leur souverain par des liens plus ou moins larges. N'ayant ni foi, ni conscience, ni honneur, ils savent à merveille se servir de leur astuce héréditaire, et semer l'or à pleines mains.

A Jérusalem, on connaît des fortunes considérables mystérieusement acquises, on cite des familles qui mènent un train de vie très supérieur à leur position; et, dans le même temps, les droits des catholiques sur les sanctuaires diminuent dans une proposition lamentable.

En d'autres temps, les Franciscains se servirent, toujours pourtant avec dignité, pour défendre leurs droits, de l'argent que leur envoyait le monde catholique; cet argent et leur sang maintenaient dans les sanctuaires de Palestine la célébration du culte catholique. On peut dire en toute vérité que la catholicité tout entière, peuples et princes, ont payé des centaines de fois les sanctuaires qu'ils possèdent. Quant au sang franciscain, c'est par torrents qu'il a coulé. Aux défenseurs de ces sanctuaires, il ne reste plus que du sang à répandre aujourd'hui, l'argent suffisant à peine aux immenses besoins de la Custodie. Ce sang, ils ne craindront jamais de le verser; leur unique peine sera l'inutilité de leurs efforts.

Mais est-il juste, est-il possible de continuer à vivre dans un pareil état de choses? Des religieux pacifiques sont exposés à une lutte journalière, quelquefois même à l'immolation de leur vie, pour soutenir les droits du monde catholique?

Non, il se trouvera quelqu'un pour déterminer enfin ce mystérieux *statu quo* des Saints Lieux.

La religion et l'humanité demandent une solution prompte et définitive.

Nous invitons tous ceux qui en ont le devoir et le pouvoir à s'y employer.

Imprimerie P. Feron-Vrau, 3 et 5, rue Bayard, Paris, 8e.

IMPRIMERIE P. FERON-VRAU, 3 ET 5, RUE BAYARD, PARIS VIIIe

www.ingramcontent.com/pod-product-compliance
Lightning Source LLC
Chambersburg PA
CBHW061756060726
47597CB00007B/2963